O CORPO NO ESCURO

A marca FSC® é a garantia de que a madeira utilizada na fabricação do papel deste livro provém de florestas que foram gerenciadas de maneira ambientalmente correta, socialmente justa e economicamente viável, além de outras fontes de origem controlada.

PAULO NUNES

O corpo no escuro

Poemas

Copyright © 2014 by Paulo Nunes

Grafia atualizada segundo o Acordo Ortográfico da Língua Portuguesa de 1990, que entrou em vigor no Brasil em 2009.

Capa
Kiko Farkas/ Máquina Estúdio

Preparação
Jaime Azenha

Revisão
Marina Nogueira
Luciana Baraldi

Dados Internacionais de Catalogação na Publicação (CIP)
(Câmara Brasileira do Livro, SP, Brasil)

Nunes, Paulo
    O corpo no escuro : poemas / Paulo Nunes. — 1ª ed. — São Paulo : Companhia das Letras, 2014.

ISBN 978-85-359-2386-5

1. Poesia brasileira I. Título.

13-13780   CDD-869.91

    Índice para catálogo sistemático:
    1. Poesia : Literatura brasileira   869.91

[2014]
Todos os direitos desta edição reservados à
EDITORA SCHWARCZ S.A.
Rua Bandeira Paulista, 702, cj. 32
04532-002 — São Paulo — SP
Telefone: (11) 3707-3500
Fax: (11) 3707-3501
www.companhiadasletras.com.br
www.blogdacompanhia.com.br

Sumário

Confissão e prólogo, 9
A um antianjo, 12

OBVNI

Canto primeiro, 15
Arqueologia, 16
O vigia, 17
Crescente, 19
Ab (absentia) óvulo, 21
O ator, 22
Perguntas, 23
A escada, 24
Endereço, 26
Maneira negra, 28
O corpo no escuro, 29
Novelo, 31
Ubiquidade, 33
Horto das Oliveiras, 34
Os sacrificados, 35
Adão, 36
Mais perguntas, 37
Bronze, 38
Anunciação, 40
A queda, 41

Tango, 42
Memória, 44
La chair est triste..., 45
Um astronauta, 46
Convívio, 47
Quatro cadeiras, 48
Trabalho noturno, 49
Rembrandt, 50
Equilíbrio, 51
Parapeito, 52
O assassino, 53
Arqueiro, 54
Depósito, 55
Pêndulo, 56
Limite, 57

TEMPO DAS ÁGUAS

Prece, 61
As coisas vivas, 63
A correnteza, 64
O círculo habitado, 67
Noturno, 69
Máquina, 70
Um indeciso, 71
A preguiça de Jacó, 73
Os médicos, 75
Deuses antigos, 76
O peixe, 77
Á, 78

Visita a um quadro, 79
O perdão, 82
Instruções a um morto, 84
Surdez, 85
Velho tema, 86
Intervalo, 87
O gigante, 88
Poema da estiagem, 89
Perguntas sem eco, 94
Três poemas bíblicos, 96
Psicanálise da chuva, 99
Fidelidade, 101
Informação, 103
Sapatos, 104
História universal, 105
Cantiga sem torna-viagem, 106
Distância, 107
Depois, 108
Estela enterrada, 109
A um pescador, 110
Aniversário, 111
Alinhavo, 112
Canção sem voz às quatro da madrugada, 113
Da pontuação, 114
Poema chinês, 116

FIM

Memória, 119

Confissão e prólogo

Vós habitais um quarto pobre, misturado à vida.
Antonin Artaud

Na minha mera e já quase velha opinião
os poetas *sábios*, demasiadamente *sábios*,
desaprenderam a inocência e o espanto,
e por isso, de fato, sabem tão pouco:
sequer suspeitam a impronunciável,
contudo plena arte de respirar.
Vêm e nos dão um embrulho
talvez belo, certamente bem-feito,
sem a laçada e o papel estampa
(afinal, é sempre outra a moda);
porém, abrimo-lo e o sabemos vazio:
guardaram-se, avaros, do lado de fora,
polícias disfarçados de poetas
olhando-se com temeroso respeito,
também sem grana para o pão
e comprando na página branca o céu
e que assim passam — muito bem.
Quanto a mim, venho seguindo o fio frágil
tecido de sonho, medo e oxigênio
e sinceramente confesso nunca saber
para onde este fio me conduz e me perde;
não me detive a falar com pedras

no lugar de ouvir estrelas,
mas me pus a indagar o corpo, a vida,
o universo desmedido que em mim coube
ou antes, a vida, o corpo, puseram-se
a andar também no que, incerto, escrevo.
Roubo ao acaso, à zona de sombra,
aos meus próprios e alheios gestos
a mínima letra, pobre iluminura
que não se basta, mas borda o escuro.
E se a obra é, de antemão, inconclusa,
talvez nasça disso o vero voo,
talvez seja necessário — mas isso não
é lei, não há lei — não ser tão *sábio*
para um dia, quem sabe, compreender
que a poesia, esta sempre outra coisa,
não é nem a mosca nem o zênite,
porém os dois juntos, amantes,
ampulheta em infinita entrega,
plena de risos, lágrimas e... minutos.
Mais valioso que um tesouro
ao cabo de um mapa de palavras
julgo ser qualquer diário achado,
seja em linguagem de adolescente
ou na de um velho cuja caduquice
inclui saber latim e grego
e que, ainda tímido, se abeira do fim
falando a outros, às vezes jovens, mortos.
Assim, aqui estou — nu, inaugural
e, sujando com o pulso o silêncio, aqui está,
brilhando de merda, êxtase e sangue,

bailando entre o espírito e o espirro,
eternamente escrita e improvisada,
a minha, leitor, a tua? a alheia,
a agora liberta e nenhuma
                    biografia.

A um antianjo

> Em memória de Júlio Caixeta

A mais longa distância que pode haver,
esta que agora vai dos teus pés ao chão,
não te fez mais leve:

foi o mundo e nossas vidas que se soltaram.

OBVNI
1990-1995

Para Regma e Luiz Humberto

Canto primeiro

aqui no poço sem luz
onde vêm cair ruídos
e restos de olhares

há um odor invisível
sem carne, sem olfato
procurando quem sinta

e o nome sem sílabas
murmura um corpo
que ainda não ouve:

emergido do sangue
anterior ao pensamento
aos pássaros, aos sapatos

um monstro se arrasta
até que se ergue
em homem e continua

Arqueologia

nos gestos banais
que riscam fósforos
tomam água, sentem
pôr atenção e pá

e escavar ao redor
do sujeito oculto
a alma aparente
das formas simples

que a todos enganam
pois nada guardam
e (enquanto pensamos)
assim se guardam —

aos poucos, no espanto
de sandálias, passos
vértebras de dança
insetos no âmbar

as palavras se abrem
o mundo se revela
e dentro, intacto
o homem que o escava

O vigia

no fosso do elevador
no quarto de despejo
no armário embutido
a noite eterna espreita

pelas frestas, o vulto
sob a luz inventada:
é preciso vigiar
as coisas que se furtam

nunca mostram a face
mesmo quando sugerem
como as sandálias
sob a janela aberta —

com o branco dos olhos
vigiar a escuridão
que sustém luz e coisas
e o nada atrás da porta —

não permitir a fuga
ou a invasão: mas vem
a fome e a noite salta
da lata de biscoitos

vem o sono e debaixo
da cama ninguém sabe
(como dentro dos sonhos)
o que, na sombra, se oculta

e nas gavetas vazias
no poço atrás dos olhos
baratas, pensamentos
sem veneno, deslizam

Crescente

cresce, e o ruído
de coisa crescendo
não perturba
o sono ou os olhos

invisível, cresce
durante todas
as outras tarefas
da mão e da noite

lua sem lobo
vem, denunciando
já sem floresta
um bicho ainda

e uma árvore
oh gravatas!
no que se exige
animal e fome

e vem mansa,
violentamente
contra os segundos
de um segundo

arrebentando tudo
e aí inclusos
homens, muros
a eterna vigília

numa luta
que dura milênios:
vence o calcário,
a paciência

e as formações
abruptas ou mansas
de outras espécies
ou planetas

na certa interferem
na sua órbita
cujo périplo
se dá em eclipse

mas além da carne
e embaixo o osso
o que mais prende
a unha?

Ab (absentia) óvulo

as mãos estão prontas
no gesto guardado:
um gato não é
mais ágil ou lento
nem mais ausente

num círculo (branco)
viaja a voz
rumo ao indizível
e à luz do dia brilham
os olhos no escuro —

o beijo imaginário
gerou o homem
que o imaginava
suspenso, calado
no espaço vazio

O ator

o corpo não pensa, sabe
e tudo que há é dentro
(ou fora ou sob ou sobre)
em função de seu gesto
único: fingir existência

o corpo não lembra, está
ou dorme, indiferente
enquanto sonha uma fuga
e o mundo dá seu giro
obedecendo ao calendário

o corpo deseja, e muito —
confunde espelho e janela
de onde acena para si mesmo:
sem olhar para baixo, vai

passeando sobre o abismo

Perguntas

o que é veia, o que é rua
o que é pensamento
e o que é voz alheia?

o que é corpo, homem
o que é multidão
o que é deus, que não é comício?

o que são olhos
que não estão à venda
o que é grito, que não é anúncio?

o que é coração, o que é relógio
o que é lógico, o que é absurdo
onde habita cada um?

A escada

misterioso esforço
do pé
chamando o que o empurra

sagrada, tola ascensão
(aprender a andar:
primeira vez na lua)

de quem nem sabe o próprio
milagre e distraído
caminha sobre o mar —

desprendido da sombra
um vulto leva a luz
sábio, entre duas curvas:

no próximo degrau
nem deus nem a certeza
porém, antes do último

no teclado do piano
os dedos indecisos
geram a melodia

o peito ecoa os passos
um som — respiração
que pensa estar dormindo

ou vai no elevador
(no escuro, a escada sofre)

Endereço

fios de eletricidade conduzem
mas não há saída, e em cada beco
outras pessoas, também intransponíveis
vão no mesmo elevador, e somem

agora móveis que dão boa-noite
calendário sorrindo sob praia
cortinas brincando de teatro —
inútil tentativa de deter

os passos, pois como não avançar
se oculto ronda, feroz, o infinito
e além das paredes os vizinhos
(qual deles inventou o para-raios?)

existem em segredo, ruído
procurando algo, talvez um nome?
e como decidir, se os ponteiros
apontam diferentes direções

e também nunca se decidem?
a boca não pergunta nem responde
os olhos sobre os pés continuam,
do café ao banho ainda chegam

e da sala ao quarto, no corredor
(respiração, fuga, enfrentamento)
o espelho pensa rápido, devolve
a imagem que passa e bate a porta

Maneira negra

pensar, sentir: a penumbra
confunde seus habitantes
quase os devora, mas
por um triz a pele reluz

refletindo a escuridão
e, armadilha para lobo,
na noite aquém do infinito
minguante a memória paira

traça uma linha opaca
(a que prendia a pipa, o dia
e a infância que se soltaram?)
distinguindo sombra e sombra

O corpo no escuro

I

o corpo no escuro
independe das formas,
existe sem a linha
que lhe retém a cor
e o separa de tudo

sem olhos, sem espelho
é corpo e assim resiste
porque, se quiser, pode
estender um braço
e acender a luz

II

animal sem detalhes,
o corpo no escuro
não trouxe a memória:
procura o centro
e ignora por quê

solto de si, contido
em outra margem
deixa um fio de ar
que, enquanto avança
lhe assegura o retorno

Novelo

I

na noite sem chuva
gotas de veneno
impedem o sono

em vão procurado
onde se embaraça
na dúvida, a dor:

a unha encravada
apunhala a carne
que a rapta e foge

e às vezes se esquece
— pequeno detalhe —
de fechar o gás

II

descartada a pele
a trama dos músculos
amarrando os gestos

obedece a outra
mais complexa, urdida
com fios que recolhe:

a noite e seus dias
que só agora chegam
preenchendo a matéria

e o pulso insistente
torneira estragada
chuva mínima, árvores

Ubiquidade

alguns homens
têm, sobretudo, vocação

desejam estar
em todas as cidades
ao mesmo tempo
amar todas as mulheres
tudo saber

estes, nas horas vagas
tudo podem

e tanto intentam
em todas as direções
que permanecem imóveis

pairando no caos

Horto das Oliveiras

carne e palavra, a hora
é de esquecer e esperar
ou simplesmente mentir

mas o minuto, álbum
com sessenta fotografias
mostra o pânico no rosto

do ladrão órfão de pai
tanta alegria e dor
que sem ser julgado

crucificou-se nos ponteiros
de um relógio imenso
e só por isso se movimenta

Os sacrificados

Para Felipe Guarnieri

paredes — ou será o tempo?
brancas sob um teto branco
e os pés suspensos não tocam
a cor macia do tapete

a cabeça, arrependida
de todos os pensamentos:
o metal polido, arfante
próximo ao interruptor

braços abertos à espera
de outros, com pregos, cruzados
dez dedos sem movimento
nem intenção, mas que contam

e num derradeiro esforço
que enfim se funde e eterniza
tenta não cerrar os olhos
(não os seus, há muito mortos) —

a porta, abrindo ou fechando
lhe sopra as chagas, consola
de um mundo estático e pronto
onde a dor não tem a quem

Adão

tal intensidade
um desequilíbrio
e claro, outro corpo
sonhado por este

a mão percorre: agarra
principalmente
solta, esquece
(a mão — o próprio limite)

os cabelos não param
os olhos não bastam
para a velocidade
das coisas imóveis

sentimentos derretem
impossível defini-los
quando tudo é abismo
e respirar é cair

Mais perguntas

se roças a antenuca
de uma nuca impossível
qual palavra depois
traz o sangue que borbulha?

se encostas não a pele
o olho na imagem cara
a exatidão da órbita
que pensamento pensaria?

quais antenas noturnas
rondam ao lado o infinito
e captam o invisível
na hora em que é visto?

que paladar finge a fruta
e se farta, este segredo
se não mordes a maçã?

Bronze

I

seu gesto inútil
se não sai o disco

transforma-se em coisa:
os músculos tensos

não dormem nem lançam —
vibram sob a música

que ecoa na noite
e ninguém ouve

II

suspenso o arremesso
permanece a dúvida

apontando o nada
para que outros lancem

num lapso, os olhos
logo recuados:

não importa o alvo,
porém este gesto

III

cinábrio na pele
na alma, esperança

bilhões de células
esperando, enquanto

nos séculos de luta
o suor escorre

e o coração bate
por mais dez segundos

IV

mas, se acaba a música
e alguém atento ouve

o rumor da mão
ao guardar o disco

o braço mecânico
no abraço descansa —

no gesto inútil
adivinha-se o sangue

Anunciação

não era um anjo
era o entusiasmo
erguendo a mão
movendo a perna,
uma sombra enorme

enorme, o sexo
balançando a hora,
olhos no espelho
sapatos pretos
e esse desejo

não era um monstro
apenas um homem
no minuto antes
(coisa mais presa)
de virar pássaro

A queda

Para Sérgio Seabra

o amor tombou das nuvens
até hoje está caindo:
sinta a vertigem
e o pelo que se arrepia

objeto indefinido
que se perde na viagem
do olho ao pensamento
e nenhum sentido entende

o amor, não aquele vulto
outra coisa, essa dor
paira e atrapalha
as pessoas e os pássaros

entre vários sóis e luas
lembra, flutua, cala:
nunca volta ao céu
nem se espatifa no chão

Tango

Para Saulo Alves

com poucas — cinco, dez lições
uma mulher aprende a voar:
depende da cor dos seus olhos
e como, súbito, se cala
no silêncio de quem escreve
a carta que não postará

outras coisas também concorrem:
o céu se perdendo no azul
enquanto o vento nos cabelos,
o mar procurando seu verde
quando nu o dorso na areia —
porém, o ar quente é o desejo

para que uma mulher se alce
é necessário outro corpo
com os pés no chão, recuado
o máximo possível em si,
no escuro, rente ao que era antes
e a boca repetindo um nome

sente-se: vestida de branco
lábios vermelhos, mãos soltas
ela mais leve se eleva
quanto mais se ouve o sangue
e, se antes andava ruas
passa a caminhar pelos sonhos

as palavras, seus gestos, aos poucos
somem e, longe (para que olhos?)
com asas, silêncio e música
alcança por fim a surdez:
sem rosto, sem telefone, vai
flutuando em esquecimento

Memória

Para Laycer Tomaz, Gabi e Manuela

a arte de esquecer
dói mais que a de esculpir:
ficamos prontos e invisíveis

o espelho em vão nos grita
inutilmente um inseto
nos fere e sinaliza

quietos, curvados, tirando
sujeira entre as unhas
(tudo que restou do dia)

para sempre e nunca esquecidos

quando, num susto
fora do tempo nos vemos

e nos lembramos, ó lei
gravada nos ossos
desde o início mandando

até o fim, e um pouco além
carregar
o corpo e as fotografias

La chair est triste...

I

a passante, fixa
nos passos, não passa:

por delicadeza
nunca perde a vida

e, sem convidar
vai rumo a pasárgada

II

entre o rouxinol
e a cotovia

passou e fez cair
as demais estrelas

e um corvo, pousando
não disse — pensou

Um astronauta

mãos ausentes tecem a rede da ausência
há um ruído contínuo
de coração ou mosca

tv desligada
o mundo gira no escuro:
olhos fechados, pisas um solo branco

fosse dia, tentarias o regresso
fosse alguns anos atrás
talvez nem farias a viagem

no entanto, silêncio —
passos no corredor provam
que este planeta é habitado

Convívio

> Para Geraldo Caixeta de Oliveira e Hermes Porto

ser um incendiário
e ao mesmo tempo ter sono
faz de um homem uma coisa
improvável, quase pronta

animal se anulando
suspenso entre dois passos
que vão da água à chama
e voltam com o café:

o mundo, a neblina pousa
nos olhos e o pensamento
tremula com o oxigênio
que circula no sangue —

perdido entre bocejar
ou respirar mais fundo
na cidade indefesa
não dorme um homem, e arde

Quatro cadeiras

— à mesa limpa, quatro cadeiras
na noite espessa de insônia e homem
sentar a esta hora é um gesto morto
cortado na madeira, sem verniz...

— não: é o pinho registrando o vento
quanto mais afunda suas raízes
e os homens andam ou enfim dormem
pelo menos três, mundo afora

— ah dançar um tango seria um crime
contra o diamante do abandono!
(o uivo perdido na floresta
passados mil anos vira canto)

— chamar? nem o próprio nome
pois uma visita, o café fresco
mais uma vez poriam abaixo
a solidão das coisas prontas

Trabalho noturno

sentado: sem ódio, sem entranhas
enquanto pensas, taxidermista
no passado que gerou esta ausência
sentes crescer das mãos o vazio

e sob os pés, aqui, enquanto calas
nesta ausência que te determina
as formas, tudo quanto resta
(até mesmo o voo é uma forma)

vendo, sem som, em qualquer canal
a televisão, taxidermista
excluídos das coisas os fatos
já não há movimento, bem sabes

e tuas palavras sequer são ditas:
quando o alfinete penetra
o que palpita, repugnância
são apenas, trêmulas, duas mãos

Rembrandt

pele de cera, ossos de pavio
os corpos dão luz como as velas
e, iguais a elas, devoram-se ao dar
lágrimas quentes, risos amarelos

e quando falta luz humana
os mortos insepultos brilham
já como coisa, como brilha
o mundo à luz da lamparina

mãos trêmulas tateando adeuses
vestes negras, bailes em cavernas
olhos entregues à mistura
de cores e pressentimentos

longe da luz solar e divina
onde anjos brincando flutuam
andar é por pouco cair
envelhecer, gesto noturno

Equilíbrio

rente ao abismo da vidraça
outra vidraça, menos transparente
mostra um abismo mais fundo

a dupla paisagem noturna
num código de nuvens e brumas
se espelha e se procura

eis que entre dois abismos
com um suspiro uma rocha
se estremece, e pensa

Parapeito

pelas costas as coisas
sorriem, não existem
à frente nada existe
e é visível — o abismo

tudo arrependimento —
suspenso, o passo pode
virar e surpreender
o nada ou um par de asas

mas no infinito, tudo
imóvel, busca o centro
e a única coisa viva
é também a que deve

apoiar-se em tão pouco:
um fio, um fato, um nome
coisa — coisa impedindo
cumprir-se a própria ordem

O assassino

havia a esperança, hera
crescendo nas paredes íntimas
da sala, portas fechadas
e, guardado, um relógio de ouro

havia sobretudo o desejo
de que nada antes houvesse
acontecido, os mortos não
apodreciam, tampouco falavam

lá fora sombras de gatos
se amavam, sombras outras
se vingavam da luz
enquanto aqui o chá fervia

e a poltrona recebia o peso
da consciência, os cabelos
caíam sobre a testa, caíam
sobre o mundo que fechava

os olhos e enfim dormia

Arqueiro

quando o arco afrouxar
por um instante ainda
o som ecoando, a mão
suspensa, a seta viajará

independente da mão
da mosca e dos olhos
coisa viva e restante
livre, fugindo ao ato

a seta será o momento
de eternidade em que a vida
um minuto ou um milênio
— não haverá como saber —

resta plena de mistérios
e antes do declínio
ligará, último gesto:
o pássaro ao homem morto

Depósito

no último andar o murmúrio
de água passada, passando
leva um barquinho
leva um cadáver

Pêndulo

um só ponteiro
o enforcado marca
meia-noite

já são cinco
e trinta

Limite

a ave empalhada
estremece e não voa
e o mundo se acaba
num terremoto

TEMPO DAS ÁGUAS
1998-2002

Ao meu irmão José

Prece

> Para Aguinelo Correa Gomes

Ó oxigênio, olhos, ouvidos e boca —
Deus enfim, e invisível até às preces,
mas presente no instante em que vos esquecemos,
raptando-nos num minuto de ausência.
Pássaro, susto, razão, suspiro de amor,
ó orgulho de ser não sendo objeto,
pairando acima e no nosso íntimo
como convém a um deus que se suspeita:
sob as árvores dos pulmões nossas células
leem-vos e sabem de cor o vosso código,
por vossa música esquecem as palavras
e adivinham, divina, num roçar
vossa pomba que suavemente pousa.
Mas ó terror nos olhos dos afogados,
quando ao homem preferis o hidrogênio
e desse abandono produzis a água.
Ó estertor de quem sofre de enfisema
e desesperado vos procura e não vos acha,
quando estais em volta e por ironia
as latas e tudo que é inútil oxidais.
Vinde, pois, pai oxigênio, cremos em vós,
respeitamos-vos mais que ao fogo que alimentais
e que às árvores a que, vergando, dais vida.

Humildemente aspiramos a vós
e por isso louvamos-vos e vos engarrafamos.
Ó oxigênio, boca, olhos, narinas —
vinde, dai-nos a nós mesmos, inspirai-nos.

As coisas vivas

Goteira, relógio, coração...
As coisas vivas, mais do que coisas
são finitas e delas somente
restará a mera coisa que fica.

A chuva e o sangue no tempo escorrem
e se encontram onde o fluxo e o eco
se perdem, em vão se procurando
além das ruas e dos dicionários.

Com as mãos ou com os olhos, tudo
que se toca também pulsa e mente,
até que o brilho se apague e chore
no escuro, até que se cale e durma.

Daqui a pouco as chaves serão inúteis;
o ar, a água, a pegada final
inúteis, como ter escutado
para logo esquecer, tantos gritos.

A correnteza

Ciego huir a la mar.
Antonio Machado

Vejo um velho: a barba
e um resto de vida
ainda por fazer,
os braços e os olhos
em vão procurando
na tarde que finda
parapeito, paisagem
em que se apoiar.
E trêmulas, as pernas
suspendendo a memória
(este filme: um menino
atravessando um rio,
quando o medo ataca
roubando-lhe as asas —
o menino afinal
chega à outra margem
mas a correnteza
ficará para sempre
sob os seus pés
até que passe e o leve)
e as mãos, também trêmulas,
como a exercitar

para tudo um adeus,
mínimo adeus
sem rumo nem lágrimas
às coisas tão úteis
desde já inúteis.
Nesta casa fechada
uma janela se abre
em busca do céu
enquanto, guardadas,
as coisas se perdem
(quem pode deter
a força das águas
a arrastarem árvores
e o que nelas é raiz
procurando centro
que justifique os frutos?
E quem pode parar
por um segundo apenas
no silêncio o ruído
invencível e líquido?)
A casa flutua
já meio afundada
e sequer é possível
um breve momento
para a pausa e o peixe
e nela, na penumbra,
há sombras indecisas
procurando qual mundo
aceita o seu pouso;
há móveis no limite

de nunca mais andar;
há gestos confundidos
com talheres e insetos;
há retratos rasgados
pedindo curativos;
há malas vazias
e, no entanto, prontas.

O círculo habitado

Ser velho talvez seja
ser três ou quatro vezes
jovem, e isso cansa.

Na perda do desejo
ver dobrada a aposta
no desejo do desejo.

E não haver respostas
do poço (abismo) do desejo
onde se jogam dentes, esperanças.

Na tarde que vem caindo
súbito notar no horizonte
um risco indecifrado.

O que passou terá sido
um avião, a vida
ou a mulher amada?

Mas o tempo inda é exato:
ao ofício de ser velho
ninguém chega atrasado.

O que passou, não passou —
é presença acumulando
o que só agora existe.

Há um resumo ou um plano,
não importa, pois isto
finalmente é um homem.

E que ninguém duvide
da beleza que ora persiste
do que vós, olhos, vistes.

Assim, eis o homem —
um moço após a guerra,
quando a pátria está distante.

Pelo chão bandeiras
dizem apenas que a mão
cansou de brincar seus dedos.

E a morte mais o rejuvenesce,
pois ao morrerem os velhos
voltam a principiantes.

Noturno

Noite tamanha — suspiro e brisa
e soprando suave a notícia
de um furacão longe daqui.

Dia que tarda, já arrependido
do dia anterior, do contrato
que a essa hora assina na China.

Tempo — dividindo-se em susto
e tédio, uma vida, e sobre o teto
chove ou não chove ou estamos mortos.

Máquina

Mãos, dedos, unhas — há em tudo
uma vontade, ou será sonho?
E há, sobretudo, uma recusa
de coisas que, somadas, somem.

Mas há estrelas, e há roldanas
de mistério e eletricidade
desde o braço que move a mão
à mão que aperta um parafuso,

passando por uma palavra
que se pensa, outra que se fala
e entre as duas este silêncio
que tudo une — unhas, dedos, mãos.

E o copo d'água que levita
pairando sobre o não sabermos
a razão última da sede
é inútil e belo, uma flor.

Um indeciso

O corpo está cansado
de não ser outra coisa:
parado, pede passagem.

Os olhos sonham em ser pedra,
as mãos querem ser bichos,
os pelos, brotarem verdes.

E os pés pensam em fugir
disfarçados de raízes
ao tédio de haver dedos.

A alma suspira e chama
o barro transpirante
de lágrimas, suor, música:

vem, vem significar
bem acima da matéria
o que a matéria é.

Porém, o corpo não vai,
pois o que nele é alma
também está cansado

de sempre ser somente
isto e nunca sentir
a carícia de uma nuvem,

o veludo que há nas pedras.
E de repente perdido
entre tantos apelos

e instintivas razões,
vem de longe uma notícia
confirmada por um grito

e eis que o corpo estremece:
sabe que perde a si mesmo
mas, corpo, não se conforma.

A preguiça de Jacó

Acima Deus e depois
os anjos, logo em seguida
o médico, a morte, o padre
e estendido sobre a escada
este tapete vermelho
e dourado, quando o corpo
sequer consegue saltar
da cama para o caixão.

Ao lado homens, insetos
e toda a vida invisível,
mas que sabemos presente
também insistindo em ser
vida, nada além ou menos —
um tédio feliz, aqui
tão quente, domingo, sem
subir nem descer escada.

Porém o velho Jacó
se cansa de suas redes
de veias, nervos, intrigas
enfim, do próprio trabalho
burocrático, hormonal
de se continuar vivo
e buscar, além de tudo
dura tarefa, um sentido.

Deixa então crescerem barbas
unhas, cabelos, desprezo ao
que vem para ser cortado,
e ao se cansar do pijama
achando-se o mesmo escravo,
aceita o conselho médico:
"não há mais nada a fazer".
E o nada agora é quem faz.

Os médicos

A manhã passou, e a tarde também.
Agora, enquanto as horas demoravam
um médico sentia a noite escoar
pelo relógio de um pulso doente.

Morcegos, corujas, maus pensamentos
e as mesas, as camas, os urinóis:
tudo voava e outra vez pousava
no mesmo lugar onde tudo estava.

Apenas os médicos não voavam
(os médicos sabem, dizia o soro),
não queriam estragar suas consciências.
E guardavam o dinheiro e o silêncio.

Mas as fezes e o sangue conversavam,
manchas vermelhas procuravam o alvo
e a febre foi preparar um café
para os médicos, estes incuráveis.

Deuses antigos

Nomes de deuses antigos
oh nomes de remédios
inúteis são tantas portas
se estou perdido além
dos corredores brancos
se deixei atrás a noite
muito após o que se pode
perder e continuar
— um fio costurando —
um homem e seu nome.
Adalat, Atrovent
Lasix, Berotec
luz saindo dos meus olhos
ai, faca acariciando
o peito que mal responde:
assoma à porta um médico
louco, vestido de negro
oh vinte miligramas
— luz engolida com água —
nume, qual é o meu nome?

O peixe

O PEIXE insensato deu um salto,
escapou e agora após tantos anos
volta em sonho, mais gordo e maior.

POIS DESDE então pensa, por que não
pesou, achou que podia negar a
linha que o unia ao pescador?

E HOJE na esfera do impossível,
assim mesmo em vão espera
ser — inútil se debater — fisgado.

Á

Água, mínimo som de lágrima
minando às vezes do silêncio,
outras de gritos que se igualam
e como ondas do mar, se calam.

Água, água — arrulho de pássaro
pousando vida, esta explosão
que entre dois átomos se infiltra
e rui o silêncio, uma barragem.

Água, água, água: palavra
sólida que escorre e molha
o céu da boca, e em silêncio
o chão onde nascem os olhos.

Visita a um quadro

Esta mão invisível
sem dúvida é a de Rembrandt,
lentamente mesclando
o cerco da noite ao brilho
dos olhos que resistem.

Num canto do universo
ou nem tanto, num canto
do quarto em que mal cabem
uma cadeira e uma cama
que se fitam mudamente,

sem no entanto assinar
(vaidade, tudo vaidade),
vai o pintor dando o tom,
escolhendo qual escuro
combina com um suspiro;

qual nesga de luz perdura,
diamante entre carbonos,
mas úmida, escorrendo
dos dentes amarelos
pela boca fechada.

Enfim, qual pouco de vida
sobre que matéria (morta?)
muito além da moldura
nos deixará entrever
que tudo é apenas tinta,

indecisão entre cores
gerando na mesma tela
a beleza e a angústia,
e sobre elas um verniz
que brilha conforme a hora,

como agora neste quadro
desgarrado do museu
em que um homem é suspenso
por deus ou por um prego
e lentamente morre

apagando sua chama
e nela a última chance
de ver na noite ao redor
as faces tremulantes
das coisas perdendo o dono.

Mas a mão invisível
fixa uma perspectiva
e para sempre é visto
o crepitar das sombras
e seu ruído, quando

os olhos entreabertos
caminham por esta linha
e, esquecidos do sol,
transmutam a luz elétrica
em humilde luz de vela.

O perdão

Além da curva do tempo
o perdão espera — e perdoa.
Avança sobre a razão
e também sobre a loucura.
Não escolhe quem: perdoa.
Sem ninguém pedir, perdoa.
Ateu ou crente ou quase pedra,
até o duro diamante
cedo ou tarde se converte
depois de nuvem em nada
em molécula de ausência
dois carbonos, três silêncios;
e nem pluma de suspiro,
nem suor de pedra de templo
cai deste lugar perdido
aonde tudo vai e some —
este milagre do vinho
voltando à lucidez da água,
milhões de anjos procriando
sem sexo, nenhum desejo
e onde as pétalas já soltas
novamente se desprendem
das cores e dos perfumes.
Aí não vem a Mão (esta

há muito foi perdoada)
mas, insistente, o perdão
que, sem água, perdoa a sede
sem pão perdoa a fome, e queima;
e o fogo, virando cinza
e a cinza se consumindo
tudo esquece e purifica.
E uma vez no paraíso
nem mesmo perdão existe.

Instruções a um morto

Melhor deitar e cerrar os olhos,
pois é cansativo tantas visitas
(não vá querer conversar com nenhuma
senão as outras entram logo na fila).

E, se viver foi fingir, que ainda seja:
não deixe transparecer no seu rosto
este cansaço de gente que chora
mas que no entanto não perdeu o almoço.

Nem deixe o cheiro destas flores mortas
misturado ao fedor das quatro velas
lhe entrar pelas narinas: não respire,
sobretudo se há o risco do espirro.

E, para o bem geral, fique sereno,
não namore a moça nem espante a mosca
e, mais que paciência, tenha fé:
que logo logo apagarão a luz.

Surdez

Queda de pálpebras, estrondo.
Suspiro e eclosão do silêncio.
Depois, na garrafa, a mensagem
segue entre outras tantas garrafas.

Desta vez a curva do rio
não desembocou em nenhum pássaro,
nem a goteira, voz eterna
alcançou o código e o tímpano.

E as folhas falam quando caem.
As nuvens pensam em voz alta.
A água vem bater na margem,
mas desta vez ninguém atende.

E soam as asas dos insetos.
Anjos ensaiam uma valsa.
O vento passa, tudo é flauta.
Mas o coração não aplaude.

Velho tema

Não era nada, era a morte
que tarde da noite (nunca
é tarde), bateu à porta
e impaciente esperava.

Não foi o vento, não foi o braço
seco da árvore morta
ou, distraída, aquela asa —
nada por ali voava.

Nem foi a noite, a noite, a noite
coitada, que finalmente
sentindo medo, pedia
uma companhia, e entrava.

Nada disso, quem bateu
mesmo com as mãos vazias
nada queria: era a morte.
Quem abriu já não estava.

Intervalo

Adiado o agora,
em qual tempo ser?
Negado o passado,
esquecido o futuro,
debaixo de qual árvore?

Sim, é noite, chove
(amanhã fará sol),
uns pregos teimosos
furam a madeira,
escrevo este poema...

Mas entre a minha mão
e a tua, pendida,
os milênios caem,
nossas florestas ardem,
os teus gestos migram —

e vens, numa brisa
indagar pelos rios?
Eu que te pergunto:
se não houver chão,
onde passarei férias?

O gigante

> Em memória de Altino Caixeta

Fecham-se os olhos
mas há um sol
que ilumina a paisagem.

Cala-se a boca
enquanto todos
os ouvidos escutam.

E cai a mão, não o carinho.
O carinho continua
na brisa, na chuva.

Poema da estiagem

Para José Tarciso dos Santos

I

A chuva e as décadas passaram
e o velho finalmente sai
sob o azul, sob o sol, sob nossos
olhos e estas últimas gotas.

A espera sob o teto alheio,
o olhar perdido além da órbita,
a morosa invenção das horas,
roubou a si mesma, valeu a espera.

Tédio, se houve, respirava-se,
enquanto inocentes aranhas
teciam, pensando nas moscas,
aquilo que alguns chamam: vida.

E amor, também se houve, foi
outro mais forte respirar
que, se não preencheu a espera,
deu-lhe um ritmo e estas crianças.

Agora — indagam outros velhos —,
por que o terno novo se a chuva
demorou e o baile acabou?
Aliás, para que corpo e baile?

Mas as respostas já não nascem,
simplesmente existem, eternas;
sabem e nem sequer informam
que foi dura e foi doce a espera

se houve o instante e aquele algo
que não era totalmente flor
nem por completo era medo
mostrou, escondendo, sua face.

II

E a ser assim puro, tão belo
em seu desengano, prefere
o corpo já sem movimento
ao sol que só agora aparece.

Pelas bocas e mãos que o levam,
a ter estas asas tardias
escolhe seus velhos sapatos
e, se pudesse, os calçaria.

Pois algo há que paira e diz,
sem auréola e sem luz por trás,
que além da vida não há nada
como um café e uma palavra.

Nada como um vocabulário
vazio, para enchê-lo de amigos.
Nada como a sede atraindo
para o seu leito um copo d'água.

Assim, o azul com seu teorema
que brilha e já vem resolvido
vai lentamente se turvando —
e os olhos recusam o céu.

E perguntam os mesmos velhos:
que nos importam estas nuvens
que tramam e destramam signos,
se toda razão é finita?

O que viaja além dos homens
se estes são lembrança e ao falar
passam, mesmo quando há eco, e
se, sem nós, as nuvens são mudas?

III

Há então um silêncio de águas
a custo e com raiva contidas
e, ouvidos roçando o olvido, ouve-se
somente dor e nenhum pássaro

quando, verde ou maduro, o mundo
de repente é colhido e resta
do que um dia foi diálogo
a terra ferida e suas árvores.

Agora, a sós, o rio é largo
e ao inaugurar o passado
dois já não ouvem nem respondem
e sequer perguntam: fecharam-se.

Ruídos de passos no escuro,
vozes passadas e futuras,
e o presente nas folhas secas
que desde sempre são pisadas —

como aquele Deus e esta voz
tudo se cala no milagre
de um túmulo e todo o universo
girando sem som e inscrição.

Porém, de duas pás que se raspam
nascem os sinos, e outra vez
as coisas voltam a ter nome:
anjos são de cimento e chumbo;

homens, somos os que restamos
entre suspiro e ventania.
Rosto é aquilo que se esquece.
Chuva o que se (nos) recomeça.

Perguntas sem eco

Além do corpo, que coube
exato na sua cova
onde pôr, na vida, o morto?

Onde pô-lo, além da foto
que vai guardada no bolso
junto ao dinheiro e à fome?

Onde pôr seu corpo sem
e sua carne insistente,
balé de tantas lembranças?

Onde pôr a alma, o ermo,
qualidade outra de sombra,
a nos perseguir por dentro?

Para lá da geografia,
em quais limites reter
os passos idos e inquietos?

E onde guardar tantos gestos
soltos de acontecimentos
que não merecem filme?

A roupa, depois da festa,
limpa, foi ao guarda-roupa —
mas onde guardar a festa?

Na rua, na chuva, ao sol,
no lado esquerdo, na boca,
na oração, no esquecimento?

Três poemas bíblicos

I/ SALMO

Criastes, Senhor,
a vida e também
o relógio, para
não andarmos sós.

Nada faltará
ao homem – e assim
criastes florestas
para haver bengalas.

Mas, insatisfeita,
a vida exigiu
água. Então criastes
sobre o mundo a chuva.

E, sede louvado!
fizestes, Senhor,
propício aos enterros
negro o guarda-chuva.

II/ O NOVO CRISTO

Pudesse dar a mão ao afogado
e água a quem no deserto se perdeu,
o braço, sim, faria estes milagres
e ignorando o corpo e sua cabeça,
sem saber a quem, agradeceria.

Se ao pronunciar um nome ainda vivo
ouvisse Lázaro e sua boca torta
novamente reclamar da comida,
a boca, sim, pronunciaria, e gritando,
sem saber a quem, agradeceria.

E se ao terceiro dia sentisse o ar
que faltou voltar às próprias narinas
e, sim, contente voltasse ao banquete,
ele se prostraria e humildemente,
sem saber a quem, agradeceria.

Porém a água recusou ser vinho
e cedo acabando a festa lhe resta
— maldito seja não se sabe quem! —
aceitar a mão que lhe dá o afogado
e acompanhar quem vai pelo deserto.

III/ FRAGMENTO APÓCRIFO

Desde então, e muito antes,
qual homem não tem sido o Cristo,
multiplicando por obrigação os pães
e de vez em quando pescando?

Psicanálise da chuva

Para Rubens José da Rocha e Marcos Alconchel

I

A chuva cai simplesmente,
sem muito significado.
Nós é que, quando queremos,
lhe damos nome e apelido.

A chuva cai, e o telhado
é nosso e suficiente.
Se ela bate não tem culpa
de haver quem lhe dê ouvido.

Mas a chuva está querendo,
não há dúvida, atenção.
Se aqui dentro a nossa pele
está seca, ouvindo árias...

Lá fora, fria, molhada
ela vai enlouquecendo
repetindo uma palavra.
A chuva — tão solitária.

II

A goteira não é lágrima
nem voz, aviso divino
para o homem que se esconde
sob o telhado sem teto.

Telha velha, mero acaso,
ritmo sem melodia,
não procura mesa ou cama,
não chega cedo nem tarde.

Vem, água e som simplesmente,
sem apelido ou carinho;
cai e cumpre, rígida, a lei
próximo ao café que esfria.

Ignora homem e linguagem,
tudo lava, e não vá ouvir
no poema (não o escreva)
passos de alguém que não chega.

Fidelidade

A casa morre com o dono:
outro que, voltando do enterro,
vem ocupá-la, entra e se assusta
com um novo e mesmo cadáver.

Tempo conservado no tempo,
em cada móvel, só pele e osso.
E na (in)disposição de tudo,
o mau cheiro dos gestos mortos.

A casa, em seu eterno abandono.
Por mais que se lave ou enfeite,
por mais que se durma na cama
que ainda assim se sentirá só.

Ó solidão que nunca morre,
atemporais teias de aranha!
Nem sobre nem dentro das coisas
paira este pó que não se limpa.

E quando uma visita chama,
se há, vago, um estremecimento —
ai, esqueça esta vaga chama
que se perde ao abrir a porta.

Não mande entrar e nem no escuro
fique conversando sozinho,
pois as paredes já não ouvem
— nem as paredes sobrevivem.

Esqueça, vai, vizinho e música:
esta casa não mais responde
e mesmo durante uma festa
dormirá sua paz de túmulo.

Informação

Teus óculos ficaram cegos,
teus sapatos, desanimados
e já em outra companhia
só hoje tuas roupas saíram.

Tua voz ecoou até ontem,
quando esqueceu o que dizia
e tua sombra, esta, de tão triste
sumiu: ninguém nunca mais viu.

Sim, anda tudo muito quieto,
e se algo de ti ainda teima
e mesmo morto não desiste
pairando sem borda e sem haste

na casa fechada, trancado
por dentro, no silêncio úmido
teu guarda-chuva está de luto
e a chave vai se enferrujando.

Sapatos

Tristes sapatos sem dono,
pobre cão ao pé do túmulo
passam as horas brilhando
e ao mesmo tempo tão mudos

que, se nos fitam, nos deixam
sem saber se sobrevivem
ou, como o cheiro que guardam,
não terão também morrido.

Pobres sapatos sem rumo.
Talvez já se veem esquecidos
de tão inúteis, no fundo
como que enterrados vivos.

Num passo tornados trastes,
na solidão em que jazem
quem sabe queiram gritar
e os cordões os amordacem?

História universal

Vem galopando o mofo, Átila
vem galopando, galopando:
por onde passa nasce a grama
viça o musgo, seus tentáculos.

Cavalo, mil livros na estante.
Cavalo, descanso dos músculos.
Cavalo, ninguém que te chama.
Cavalo, esta casa fechada.

Paredes emitem sinais,
dizem: estão chegando, os unos.
Lâmpadas queimadas, no escuro
gritam: estão chegando, os unos.

E a água trabalha e transpira
e aranhas a si mesmo tecem.
Cavalo, galope, cavalo
os unos, sem pressa, chegando.

Cantiga sem torna-viagem

Passam os rios e também
os oceanos, e os espelhos
fluem levando nossa imagem

e o céu, mudando de cor
era tão belo, tão belo! mas
finalmente nos deixou

mão sobre a mão sobre o nada
aqui, os ossos balançando
— adeus! — esta última flâmula

quando o vento vem e rouba,
sem se importar com o ouro,
uma palavra e uma flor.

Distância

Para Janete Porto

De onde nos veem as estrelas
somos pequenos e rápidos:
uns elefantes, uns coelhos,
talvez o cão que nos segue —
não há muita distinção.

E quando o diabo nos leva
ou Deus, ou a força dos ventos,
a se sentir invisível
sempre algum tolo prefere
ser embalsamado em foto.

Mas as estrelas nos olham
e não muito tempo após,
talvez num domingo à tarde,
também as fotografias
amarelecem e morrem.

Depois

Os mortos levamos no peito
embora os pés pisem mais leves
sobre a terra e os diamantes.

Se as mãos caminham sem flores
é porque, desde então, seus dedos
sabem-se espinhos, gestos, pétalas.

E se às vezes também dormimos
um sono pesado, e nos puxa
para o profundo um afogado,

nas ruas, nos rostos, no raso
o tempo sobeja seu resto
e reinaugura-nos os vivos.

Estela enterrada

No futuro não acreditarão
no que no passado ainda não criam.
Dirão: eram poetas e inventaram
armas, barcos, canções — depois os deuses.
E seguirão, propondo guerra e paz
ao mesmo tempo. E por sabê-los frágeis,
braços firmes ao leme; sobre as ondas
cabelos ao vento e, belos, os olhos.
Mas, creiam, não são nossos os movimentos.
Os deuses dançam com os nossos corpos.

A um pescador

Não fora um rio, mas um lago
sob o sol que aquece ao passar,
os olhos ficariam sem margem.

E não fora sempre este medo
de perder-se ao perder o remo
a mão não o amaria tanto.

Nem os peixes hoje pescados
trariam o espanto de brilharem
menos que os fisgados na infância.

Não fora as árvores correrem
inúteis, como corre o vento,
a face não teria carinho.

E a não haver mais cachoeiras
os músculos frouxos, sem música
quedos dormiriam sem descanso.

Aniversário

Para Antonio e Lourdes

A ausência ainda é vida:
anda sobre chão e água,
come, por dentro, o pão
e às vezes dorme, e sonha.

No outro dia há flores
novas sobre a campina
e junto às ervas cresce
amor à terra e à chuva.

Um pássaro não canta —
basta-nos ter ouvidos
e saber que ele existe.
E o mundo vai, redondo.

Se acaso não coincidem
o infinito e o eterno,
mão ausente sobre o ombro,
morto o pai, o filho o gera.

Alinhavo

Perder, às vezes, é quando se ganha
um tato mais sutil, mão que aprendeu
acariciando a febre e agora busca
algo que persiste entre a pedra e a brisa.
Ganhar nem sempre é ter presente
no lado externo dos olhos a imagem
que, de tão fácil, dorme ou não responde.
Outros espaços respiram: por exemplo
este que se ensaia entre a memória e o nome.
E corpos, também se movem aqueles
que pesam menos que um instante
mas que, de uma a outra estrela (morta)
inventando a curva, negam toda lógica.
O tempo, para se distrair, sonha...
O ontem e o amanhã se encontram na fome,
porém é hoje que a mesa está posta.
E se me tiram o que mais me pertence
nada me dando em troca, dou-me, perplexo.

Canção sem voz às quatro da madrugada

Para Sandra

Mais não fiz que aconselhar o pássaro
e experimentar a água
e arquitetar o vento
para moldá-lo à minha casa.

Os dias eram pedras ou pomos
e indiferentes passavam:
só os segundos eternizavam.
Nada fiz sem gravidade.
— Nada que não fosse pago.

Agora quem me dera outra vez
a imperfeição dos gestos
caindo para a frente.
Se me devolvessem o barulho,
hoje talvez eu dançasse.

Pois mais não fiz que me deitar
sobre o sonho
que enfim fugiu.
E o silêncio não diz sim.

Da pontuação

As vírgulas tarde aprendemos:
na fase esquecida por Freud
em que prendemos e soltamos
o ar, independente do tórax.
Que gozo! E além disso são elas
que nos introduzem na arte
de mentir e se arrepender.
Mas muito tempo antes, chorávamos...
Éramos puros, reticentes
depois fomos exclamativos
e enfim começamos a andar
ligando um nome a outro nome,
fazendo as coisas se chocarem.
Desde então abrimos a boca
e as interrogações nos fisgam.
E, bichos do chão, receosos
nada afirmativos seguimos
preenchendo o branco sempre adiante.
Quando, numa curva, a pergunta
(não em vão o mundo é redondo)
desiste — e encontra a resposta.
Ó vida inacabada e pronta!

Nascer é a primeira morte
e sem uma única lição
usamos o ponto final.
Nasce conosco este sinal.

Poema chinês

No que é pássaro, voar.
No que é cavalo, correr.
No que é tigre, saltar.
E morrer, no que é homem.

FIM